आरती को पोटली से : काव्य धारा

Arti Dwivedi

BookLeaf
Publishing

India | USA | UK

Presentation by *BookLeaf Publishing*

Web: www.bookleafpub.com

E-mail: info@bookleafpub.com

ISBN: 9789360941550

First edition 2024

ACKNOWLEDGEMENT

मेरी इस कविता संग्रह को लिखने में जो सहायक थे, उन सभी को मेरा आभार। आपके प्यार और समर्थन ने मेरी रचनाओं को नई ऊँचाइयों तक पहुँचाया है।

PREFACE

यह पुस्तक एक संग्रह है, जिसमें शब्दों की छायाएँ खेलती हैं। यहाँ रूपक, अनुप्रास, और अलंकार की बारीकियों में छुपी भावनाओं की खोज होती है।

यहाँ शब्दों की बारिश होती है, जो आपकी आत्मा की गहराइयों में घुस जाती है। यहाँ रिश्तों की बुनाई होती है, जो दिल की धड़कनों में बस जाती है।

यहाँ एक अद्वितीय संग्रह है, जो आपके जीवन की रुचिकर गाथाएँ सुनाता है। यहाँ शब्दों की जादूगरी होती है, जो आपकी आत्मा को छू जाती है।

यहाँ एक प्रेम की कहानी होती है, जो आपके दिल को छू जाती है। यहाँ शब्दों की आवाज़ होती है, जो आपकी आत्मा को जीवंत कर देती है।

यहाँ एक अनगिनत रंगों की पोटली होती है, जो आपके जीवन की चाहतों को छू जाती है। यहाँ शब्दों की छाप होती है, जो आपकी आत्मा को उड़ान देती है।

धर्म और अधर्म

अधर्म शिला से जब-जब धर्म मार्ग अवरुद्ध होगा।

तब-तब महाभारत सा युद्ध होगा।

भाई-भाई में जब घोर विश्वासघात होगा

ये कुरुक्षेत्र का मैदान तब रक्त से लाल होगा॥

भरे प्रांगण में जब नारी का चीरहरण होगा

ना फिर कोई विदूषक जीने के काबिल होगा।

अधर्म पारायण लोग जिन्हें पशु और पक्षी नोचेंगे

वो अपने कर्मों की अग्नि में जीवित ख़ुद को झोंकेंगे॥

ये छल कपट और हिंसा का जब-जब भी भार प्रबल होगा

तब-तब धरती के उद्धार को कृष्ण सा मानव अवतरित होगा॥

इतिहास गवाह है,

दुर्जन कितना भी पैर पसारे ना टिक पाएगा धर्म के आगे।

जीवन का सार जान लो वरना पछताएगा जब देह को त्यागे।

तू ना धन से और ना काया से बस कर्म से ही जाना जायेगा।

जैसे तेरे हैं कर्म किए, वैसा ही तू फिर से जीवन पाएगा।

ये जीवन तेरा एक उपहार है ईश्वर का दिया एक वरदान है

समझ लिया जो सत्य को तू फिर शून्य विलीन हो जाएगा।

॥ ॥ ॥ ॥@rti की पोटली से ॥ ॥ ॥ ॥

हर संकट का हल होगा

हर एक संकट का हल होगा

ग़र आज नहीं तो कल होगा

बस कोशिश पर तू ज़ोर लगा

फिर ना कोई फल निष्फल होगा

राह का हर काँटा फूलों में तब्दील होगा

गर आज नहीं तो कल होगा

चिंता के बादल आने दे

ना ख़ुद पर इनको छाने दे,

साहस की बूँदें बरसा कर

घोर कालिमा छँट जाने दे।

सूरज तेरा मस्तक होगा

गर आज नहीं तो कल होगा।

थोड़ा सा सब्र तो कर

इम्तिहान तेरा जारी है

और वक़्त तेरा जीत लिए ही बैठा है।

बस अगली तेरी ही बारी है

इतिहास तेरा ही अमर होगा

ये विजयी तिलक का सर्जन होगा

बस थोड़ी सी दूर तू चल

तेरा ही डंका ही अविरल होगा

आशा का थाम के साथ ज़रा

है उपज रहा है बीज ज़रा

ये तेरा ही तरु उपवन होगा

गर आज नहीं तो कल होगा

शिव ही महाकाल

वो आदि है अनंत है

भुजाओं में भुजंग है

है शीश भालचन्द्र जो

जटा में जिसके जलमाला है।

हलाहल जिसका कंठ है

और बाजे जिसकी शान में डमरू और मृदंग है

वो कालों का काल और वो ऐसा महाकाल है।

सृष्टि के जनक भी वो और जो आजन्म हैं वो श्रेष्ठ हैं

विष्णु जी के तेज से है जिनका उद्गम वो त्रिलोकेश
शिर्पिविश्ट हैं।

मृत्युलोक में विराजित कल्यूग का मोक्षधर भी

नाम जिसके मात्र से होता मनु भवसागर के पार भी।

है दशों दिशाओं जिसका पहरा, ना कर सके कोई
अनिष्ट भी

१२ ज्योतिर्लिंग में है बैठा वो सृष्टि का कर्णधार भी॥

कैलाश जिसका धाम है, अंग जिसके बाघखाल है

वो शिवाप्रिय सूरसूदन त्रिलोक धारी वो शिव है
महाकाल है।

हिंदू हैं हम!!!!

हिंदू हैं हम और हिंदुत्व हमारी शान है।

हम भगवा धारी, सनातनी और हिंदुस्तान हमारी जान है।

श्री राम की ये पावन धरती, भारत का अभिमान है।

इनके चरणों में नतमस्तक, और आन पर बन आए तो ये मस्तक भी क़ुर्बान है॥

हम भगवा धारी सनातनी और हिंदुस्तान हमारी जान है।

हर एक नर में नारायण है और नारी में सीता माता है।

है नहीं किसी से बैर भाव अतिथि परमोधर्म ही अपना नारा है।

पहला वार ना अपना हो, पर कोई छेड़े तो फिर बचने ना पाए।

अधर्म, अनिष्ट और कायरता के बीज ना कोई यहाँ बोने पाए।

आज क़सम लेते हैं हम भारत को फिर से संतों की भूमि बनाएँगे।

अपनी धरोहर और संस्कृति को हम पुनर्जीवित करवाएँगे।

॥ ॥ ॥@RTI की पोटली से ॥ ॥ ॥ ॥

रामायण सिर्फ़ ग्रंथ नहीं!!!!

रामायण सिर्फ़ ग्रंथ नहीं जिसको किताब सा पढ़ना है
ये जीने की कला है जिसको नित अनुसरण करना है।

राम सा जीवन जीना हर एक के बस की बात नहीं
क्यू राजा होकर सब कुछ खोया, ना पाने की कोई चाह
रखी
इनके जीवन का भेद जान कर्तव्य मार्ग पर चलना है

ले पिता की आज्ञा सिर आँखों पर
एक पल में सब कुछ हार दिया,
जिस भाई की ख़ातिर छोड़ा राज्य भी
वही चरण पादुका को सिर का ताज किया

निश्छल प्रेम का आधार सीता के त्याग से सीखना है।
ना किसी को मोह है माया का, ना मन किसी का
डिगता है।
ये जीवन जीने कला है जिसका नित रोज़ अनुसरण
करना है।

उसका तो दुश्मन भी प्रकांड
जो नवग्रह बांध कर रखता है
है काल भी उसके पैरों में ना कभी किसी से डरता है

की ऐसी थी भूल फिर जिसकी ना कोई भरपायी थी
तीनों लोक विजयी रावण ने ख़ुद अपनी मौत सजायी
थी।

विजय दिलाकर धर्म को वो निकल गए वैकुण्ठ के
धाम
दो अक्षर में तार दिये जन जो भी जपते राम का नाम

राम अजर है राम अमर है मर्यादा के अंगरक्षक हैं
रामायण सा ज्ञान कहा है, वही तो पुरुषोत्तम शिक्षक हैं
त्याग, प्रेम और वचन निभाना नई पीढ़ी को समझाना
है
ये अमिट धरोहर राम राज्य की जिसको जन-जन तक
पहुँचाना है।

सनातनी भारत

हम दिवाली भी सजाते हैं और और होली भी मनाते हैं

गणपति को भी रखते हैं, हवन पूजन भी कराते हैं।

ना समझो ये आडम्बर हम तो अपना धर्म निभाते हैं

किए क्या पुण्य जाने जो मानव जीव में हम आए

चलो इस जीवन को भी हम सर सम्पन्न बनाते हैं ।

हमें है गर्व कितना की हम हिंदू हैं कहलाते

यही तो धर्म है जो हमको ये सिखलाते

ना कोई भेद भाव रखो सब धर्म समान निभाते हैं

चले जाएँगे किसी रोज़ भाव सागर के पार हम

क्या अपना क्या तेरा, सभी बराबर पे रखते हैं

हज़ारों साल पुराना ये पावन इतिहास हमारा है

चलो अब फिर से मिलकर जन-जन में हम उसको
दोहराते हैं।

चलो अब फिर से मिलकर जन-जन में हम उसको
दोहराते हैं।

हाँ मैं वही रावण !!!!

कुछ के लिए मैं बुरा, और कुछ के लिय एक अहंकार
था,
हाँ मैं वही रावण जो,
रिश्तों (बहन) के लिए भगवान से लड़ने को तैयार था।
लोग जो मेरे अभिमान का ढिंढोरा पीटे जा रहे
खुद व्यभिचार में लिप्त, पर पुतले मेरे ही जला रहे॥

था मैं अजर अमर, ना कोई मार पाया था
अरे मुझे तो बस मेरे अहंकार ने हराया था॥
थी गलती बहन की इज़्ज़त के लिए
एक देवी को उठाकर लाया था।
पर,
श्री राम ने सीता को फिर भी पाक साफ़ ही पाया था।
तुमने (समाज) तब भी नारी पर सिर्फ़ लांछन लगाया
था॥

मैं तो ना छूकर भी सतयुग से बदनाम हुआ जा रहा,
तू तो कितने ही कृत्य कर मुखौटे बदले जा रहा।

तू है समाज और प्रश्न तो तुझपे भी उठते जा रहे,
यहाँ तो मुझसे भी बदतर रावण,
नित नए चेहरों में नज़र आ रहे ॥

॥ ॥ ॥ ॥@RTI की पोटली से ॥ ॥ ॥ ॥

"खुद को सँवारना बाकी है"

अभी तो मेरा खुद को संवारना बाक़ी है।

उम्र है ही क्या, अभी तो आसमान झुकाना बाक़ी है॥

वो हर तिनका,

जो मेहनत से अपनी समेत है,

उन्हीं तिनकों से आशियाना बनाना अभी
बाक़ी है।

कुछ फूल थे जो बिखर चुके थे,

फिर से समेट उनको गुलिस्ताँ बनाना अभी
बाक़ी है।

कहते हैं,

वक्त के पर हैं लगे, उड़ जाता पलक़ झपकते

बेशक जो गुज़र चुके है, पर उनके निशान छापना
बाक़ी है

है मुझमें कुछ जुनून ऐसा और जिसकी बदौलत

पैरों से अपने समुँदर मापना अभी बाक़ी है।

चेहरों की सिलवटों पर ना जाना दोस्त,

उमर के पैमाने लोग मापते रहेंगे ।

हौसलों कि दम पर, उम्र के हर पड़ाव को,

शिद्दत के साथ जीना तो अभी बाक़ी है।

॥ ॥ ॥@RTI की पोटली से ॥ ॥

"मोटिवेशन ज़रूरी है"

आगे बढ़ने की बात हर कोई करता है।

पर आगे एक कदम का मतलब,

पीछे एक कदम छूटना भी होता है।

तो अगली बार जब कुछ छूटने लगे

तो समझना आप आगे बड़ रहे हो।

मिट्टी को मसलकर ही घरौंदे बनते हैं।

बादलों से टूटकर ओस की बूँदें धरती को जीवन देती हैं।

तो अगली बार जब टूटने लगो

तो समझना एक नए जीवन को आयाम दे रहे हो।

आग में तपकर ही सोने से आभूषण बनते हैं।

मार लोहार की खाकर ही लोहे पिघलते हैं।

तो अगली बार जब चोट गहरी लगे,

तो समझना जीवन की कसौटी पर कामयाब हो रहे हो।

गलतफहमियाँ है कीचड़ को!!!!

गलतफहमियाँ है कीचड़ को

　　　कि लोग इस से डरते हैं॥

दामन मलीन ना हो जाए

　　　हम तो इसलिए ही बचकर चलते हैं॥

लोग तो बेवजह की अटकलें लगाएँगे

फ़िक्र की बिसात क्या,

हम तो मशाल हौसलों की लेकर चलते हैं॥

शक की गुंजाइश शायद वहाँ होगी,

जहां खुद पर विश्वास नहीं होते॥

हम तो बुझते दियों से भी

　　　चिराग़ों को रोशन किया करते हैं।

अपने इरादों को इतना दूर तलक फैलाया है मैंने,

कल जो कहते थे धरती पर रहो,

वो आज हमारे उड़ने की मिसाल दिया करते हैं॥

20

॥ ॥ ॥@ RTI की पोटली से ॥ ॥ ॥ ॥ ॥

पतझड़ को गुज़र जाने दो।

पतझड़ को गुज़र जाने दो ।

बहार फिर से आएँगी।

ये सब्र का इम्तिहान पास करके,

सफलता फिर तुझे छूने लौट आएगी ।

तेरे कर्मों पर सदैव नज़र है खुद ईश्वर की

तेरे दर चलकर ख़ुशियाँ साँकल खटखटाएगी।

आज माना राह नहीं आसान नज़र आती,

कल क्या पता जीमेगी रास्ता खुद मोड़ लाएगी।

जीवन में कभी हार मानकर ना बैठना दोस्त,

अंधेरे की कालिमा के बाद ही सूरज की किरण
जगमगाएगी।

गणेश जी को समर्पित!!!!

जिनकी ही कृपा से चलता सारा जग संसार है
जिनकी पूजा के बिना नहीं कोई शुभ शुरुआत है
सुखकरता वो दुखहरता और महिमा जिनकी अपार
है।
हर्षित मन से श्री गणपति फिर एक बार
विराजित होने को तैयार हैं।

रिद्धि, सिद्धि लिए साथ, जिनका देवलोक में भी
गुणगान है।
आदि जिनका स्वरूप और खुद महादेव की संतान है।
मात पिता के चरणों में जिनके समस्त धरती के धाम
हैं।
विघ्नहर्ता वो विनायका वो लम्बोदर वही तो ईशान है।

बल बुद्धि और साहस के तुम दाता बहु तुम्हारे नाम
हैं।
प्यार और करुणा से लिप्त, आशीष दिए, सर पर हाथ
हज़ार हैं।
मंगलमूर्ति गनेहशाय तू, भालचन्द्र तू धूम्रवरण तू,
मृत्युंजय भी मनोमय भी नाद प्रतिष्ठित तू ही तो
पिंगलाक्ष है।

॥ ॥ ॥ ॥RTI की पोटली से ॥ ॥ ॥ ॥

जाड़े की सर्द रातें

जाड़े की सर्द रातों की ठिठुरन
आला की तपिश से भी ना गरमाया जब मन।
यादों की वो लोई, ओढ़ जिसे बैठी अंगीठी के पास
जाने किस जहां में खोई।
बरसों का साथ ज़ेहन में आता है।
गुज़रा तो है, पर वक्त बेवक्त याद आता है।
उम्र तो पहुंची है, एक पड़ाव पर,
पर मन की आस ठहरी है, उसी द्वार पर।
सिलवटें चेहरे का हाल बयान करती हैं।
आंखें भी खोई, हर मंज़र याद करती हैं।
वो गुज़रे से ज़माने जब दिलों में लड़कपन था।
सुनहरी धूप सा फुदकता बालपन था।

कुछ महकी सी है धड़कन मेरी!!!!

कुछ महकी सी है धड़कन मेरी,
जाने किस पल का है इसे इंतज़ार।
फ़िज़ाओं में रंग छाया है गहरा
मानो बजती हो अनेकों सितार।
मौसम ने आज ज़रा करवट जो ली,
दराज़ों से भी सारी धूल छँट चली।

आज मुद्दतों बाद एक अहसास सामने आया।
पकड़ना तो चाहा
पर वो रेत सा फिसलता नज़र आया॥
यादों पर किसकी कभी पहरा हुआ है,
सपनों से परे वो एक इल्म हक़ीक़त से रुबरु आया।

सब्र के इम्तिहानों का नतीजा तो देखो
नक़ाब क्या हटाया,
मुझे तो खुद मेरा चेहरा सामने नज़र आया॥

॥ ॥ ॥RTI की पोटली से ॥ ॥ ॥ ॥

नफ़रत के बाज़ार में!!!!

नफ़रत के बाज़ार में,
टोकरी खुशियों की लगाए बैठे हैं।
कोई तो खरीददार आएगा कभी,
उम्मीदों का यही गुलदस्ता सजाए बैठे हैं।
खुशियां देकर खुशियां बढ़ती जाएगी
कल शायद याद उन्हें हमारी भी आएगी।
वो लोग जो आज हमसे रूठकर बैठे हैं।
भूल जाना सीखो ज़िंदगी की करवाहट को,
ना रुसवा कर मीठी सी ज़िंदगानी को।

कल हम ना हो भले, पर हमारे किस्से तो हो।
एक यही जहां को, पैगाम बांटने बैठे हैं।
उस रब की बनाई इस मूरत को,
तनिक प्यार से झांक हर सीरत को।
खुद से खुदा का मिलन हो जाएगा,
आज वो अपनी कलम से ही,
तेरे कर्मों का हिसाब लगाए बैठे हैं।

।।।@rti की पोटली से ।।।

बचपन वाली सर्दियाँ!!!!

बचपन वाली सर्दियाँ अब नहीं आती।
लगता है बड़े-बड़े शहरों को कोहरे की धुँधलाहट नहीं
भाती॥

एक ज़माना था हमारे बचपन का जब
स्कूल को जाना सर्दियों में एक सज़ा से कम ना था

सबसे बड़ा हुनर तो सुबह को नहाना था।
होता था पुरस्कार विजेता वो बच्चा जो नहाकर आता
था
वह अपनी वीरता कि किससे हर जगह बरबस सुनाया
करता था।

स्कूल से आकर भी कौंआ स्नान को ही नहाने की
गिनती में अव्वल माना जाता था।

हाँ ८-१० दिन बाद मम्मी की डाँट पर एक बार आधि
बाल्टी से नहाया जाता था।

पानी की बात भी करना किसी पाप से कम तो ना
आंका जाता था।
हमने तो ऐसे पाप में कभी ख़ुद को ना भागीदार
बनाया था।

रात उन दिनों हमे स्वर्ग प्राप्ति सी लगती थी

आला के सामने बैठकर तो मानो अमृत प्राप्ति होती
थी
मटर मूँगफली मिल जाए तो फिर सोने पर सुहागा
था।
ऐसा कुछ नज़ारा हमारी बचपन की सर्दियों वाला था।

रज़ाई से प्यारा दुनिया में कुछ भी ना था
हाँ पर उसमे जाने का भी नियम क़ायदा पक्का था
पूरा शरीर मानो अंतरिक्ष सूट जैसा कवर करके
फिर एक पतली के ऊपर मोटी रज़ाई ऐसा रिवाज
प्रचलित था

कुछ ऐसा था बचपन की सर्दियों का नज़ारा
अब शहरों में कहीं दिखता नहीं वो पुराना ज़माना

पढ़ते-पढ़ते ना जाने हम कब बड़े हो गए!!!!

पढ़ते-पढ़ते ना जाने हम कब बड़े हो गए
और वो पहले से शिशु मंदिर जाने कहाँ गुम हो गए।

मुझे तो याद हैं वो दिन अब भी जब प्रेयर्स नहीं
प्रार्थना बोली जाती थी,
५ मिनट कहाँ वो तो २० मिनट्स तक गाई जाती थी।

शिक्षक तब मिस और सर ना थे
दीदी और आचार्य जाने जाते थे
ग़लतियों पर जो साँटियाँ मारने से भी ना हिचकाते
थे।

मे आई गो टु वाशरूम ऐसी लाइन तो कानों में सुनी ना
थी
हाँ लघुशंका की संधि विच्छेद करके भी मीनिंग ना
पल्ले जाती थी।

लंच ब्रेक तो कभी हुआ ही नहीं सीधे भोजन मंत्र से
अवकाश समझ आता था।
और बुधवार को लंबा सा भोजन मंत्र हमारे भूखे पेट
को ना भाता था।

छुट्टी होते ही हम सीधे घर ना जाते थे

विसर्जन मंत्र करने हम फिर प्रार्थना हाल में बुलाये
जाते थे।

पापा-मम्मी के आने का कोई सवाल नहीं, टोली में तब
घर जाते थे
ताँगा, रिक्शा या वन नहीं ११ नंबर की ख़ुद की गाड़ी
में चलते जाते थे।

पैरेंट्स टीचर मीटिंग को करने तब शिक्षक ही घर
आते थे।
चाय और नाश्ता के साथ वो हमको सुंत्वाकर भी जाते
थे।

और फिर अगले दिन स्कूल में हम फिर से पीटे जाते
थे।
क्यूँकि उधर से मम्मी-पापा भी शिकायतों की
फ़ेहरिस्त जो बनाते थे।

कुछ ऐसा था जीवन अपना हर जगह से कूटे जाते थे।
फिर भी जीवन में अनुशासन था जो हम आजकल के
बच्चों में ना पाते हैं।

कहाँ सुलझ पा रही हूँ मैं!!!!!

उलझनों में उलझकर कहा सुलझ पा रही हूँ मैं।
जीवन यही है, शायद अब समझ पा रही हूँ मैं।
बना सकूँ अपने आने वाले कल को गुज़रे कल से बेहतर,
इसी जद्दोजहद में आज खोए जा रही हूँ मैं।
और,
खोने-पाने के व्यवसाय में अपने को खोकर ही,
जाने क्या पा रही हूँ मैं!
ए ज़िंदगी!
तू ख़ुशनुमा है इन चाहतों के बिना भी,
फिर क्यूँ इन चाहतों की गुलाम बने जा रही हूँ मैं।

ख़्वाहिश तो है पा लूँ मन चाहा स्वर्ग अपना
फिर क्यूँ मरने से कतरा रही हूँ मैं।
पाने को कुछ अजनबी नज़रों में अहमियत,
खुद की नज़रों में क्यूँ
वो अहमियत खोए जा रही हूँ मैं ॥

॥ ॥ ॥ ॥ ॥ @RTI की पोटली से ॥ ॥ ॥ ॥ ॥ ॥ ॥ ॥ ॥

मेरा हौसला मैं ख़ुद हूँ।

गर हौसला जो साथ है फिर डरने की क्या बात है
मशाल ले के हाथ में, खोल द्वार अंधकार के

अज्ञानता का घोर विशिल्प्त हलाहल भले हो भरा
खोल चक्षु ज्ञान के अपलिप्तता से डरने की क्या बात
है।

आज गिर जाए भी तो उठ कर चलना है तुझे
कदम थक भी जाए तो ना रुकना है फिर हार के
रात की है कालिमा ये ढेर बस हैं भ्रम जाल के
ले रोशनी के गुबारे ज़रा उड़ा दे ऊँची उछाल से
हौसला जिसका बने कायनात तो फिर डरने की क्या
बात है।

आज जो तू रुक गया कोई और बाज़ी ले जाएगा
तेरे रिक्त स्थान को भरने कल कोई और आ जाएगा
ना छोड़ ख़ुद का साथ और ना ख़ुद पे हो निराश
तेरे प्रयास काफ़ी हैं खिलाने पुष्प और पलाश।
तेरे साथ है परम का हाथ फिर डरने की क्या बात है।

॥ आरती की पोटली से ॥

अधर्मियों में भी धर्म था!!!!

अधर्मियों में भी धर्म था
जब कौरवों में कर्ण था।
ज्ञान का भंडार था बस ख़ुद से कुछ नाराज़ था
तुच्छ कहलाने से उसे सदा इनकार था।
जानता था जिसके साथ लड़ रहा ना जीत कभी पाएगा
अमिट दोस्ती की ख़ातिर वो कृष्ण से भी भिड़ जाएगा

युद्ध ऐसा रचा कहाँ जो उसको भेद पाया था
हाँ निहत्थे शरीर पर ही धोखे से बाण चलाया था।

घोर था पराक्रमी पर चल पड़ा अधर्म मार्ग पर
पापियों के साथ हुआ ध्वस्त वो पाप ही की आग में

ख़्वाब इतना था की सम्मान का हक़दार था।
इंद्रप्रस्थ का खून होकर भी पहचान को मोहताज था।

दानवीर ऐसा कि कोई दूर तक ना सामी था
उसके जैसा ना कोई धनुर्धारी नामी था।

दुर्भाग्य था की भाई के विरुद्ध ही खड़ा हुआ।
भाई की ही जान लेने को और भाई से ही मृत्यु को
प्राप्त हुआ।

धर्म के विपरीत था तो मौत तो अटल थी।
पर सर्वश्रेष्ठ वीरों में गिनती होनी भी अवश्य थी।

हर एक संकट का हल होगा!!!!

हर एक संकट का हल होगा
ग़र आज नहीं तो कल होगा
बस कोशिश पर तू ज़ोर लगा
फिर ना कोई फल निष्फल होगा
राह का हर तेरे काँटा, फूलों में तब्दील होगा
गर आज नहीं तो कल होगा

चिंता के बादल आने दे
ना ख़ुद पर इनको छाने दे,
साहस की बूँदें बरसा कर
घोर कालिमा छँट जाने दे।

सूरज तेरा मस्तक होगा
और ताज तेरे ही सर होगा,
गर आज नहीं तो कल होगा।

थोड़ा सा सब्र तो कर
इम्तिहान तेरा जारी है
और वक़्त तेरा जीत लिए बैठा है।
बस अगली तेरी ही बारी है

इतिहास तेरा ही अमर होगा
ये विजयी तिलक का सर्जन होगा
बस थोड़ी सी दूर तू चल
तेरा ही डंका ही अविरल होगा

आशा का थाम ले साथ ज़रा
बस उपज रहा है बीज ज़रा

आगे, तेरा ही तरु उपवन होगा
गर आज नहीं तो कल होगा।

॥॥॥॥@आरती की पोटली से ॥॥॥॥

मुझे ना रोको ॥ ॥ ॥

सपनों की उड़ान में मुझे खो जाने दो,
आसमानों में बादलों का, कच्चा-पक्का घर बनाने दो।
चाँद की चांदनी में, आज पूरा भीग जाने दो।
तारों से सजी बारात में, ख़ुद को भी आज सजाने दो।
फूलों ने जो बिखेरी है ख़ुशबू,
इनसे दिल को बहलाने दो,
प्रकृति की गोद में आज मुझे गहरी नींद में सो जाने
दो।
धरती की हरियाली में ख़ुद को छुपाने दो,
नदियों की कलकल सी बहती हुई,
मधुर गीत गुनगुनाने दो।
जीवन की इस अद्भुत यात्रा में, कुछ पल ख़ुद से रूबरू
करने दो।
मेरे पंखों को ना जकड़ो, मुझे जीने का एक नया अर्थ
देने दो।

॥ ॥ ॥@rti की पोटली से ॥ ॥ ॥ ॥

ईश्वर कहाँ है?

सड़कों पर चलते-चलते, कभी-कभी दिख जाता है,
ईश्वर भी इंसानों में, नेकी में बस यूँही मिल जाता है।
वो बच्चे की मासूम हंसी में, वो किसी बूढ़े की आंखों में बसा,
वो मजदूर के पसीने में, वो माँ की ममता में छुपा।
वो रिक्शेवाले की मेहनत में, वो फूलवाली की दुआ में,
वो चौराहे पर खड़े ट्रैफिक पुलिस की वफादारी में।
वो दानी के दान में, वो नेकी करने वाले के काम में,
वो अजनबी की मदद में, वो सबकी खुशियों के नाम में।
सड़कों पर चलते-चलते, जब भी देखो दिल से, ईश्वर नज़र आएगा, हर एक चेहरे में बसे।
वो नहीं है कहीं दूर, ना ही किसी मंदिर में सिमटा, वो तो है यहीं हमारे बीच, हर इंसानी रिश्ते में बिखरा।
जब हम उसकी बनाई चीज़ों से प्यार करने लगेंगे धर्म की राह पर चलकर, ख़ुद पर विश्वास करने लगेंगे हर एक कण में, क्षण में, श्वास के अहवाँव में उनसे मिलने लगेंगे।

ऑफिस की टेंशन को ऑफिस तक रखना सीखो
ना लेना है कुछ दिल पर और कोमल से मन पर ये
बात गाँठ बाँधना सीखो।
अक्सर लोग कहते हैं, दिन ख़राब हो गया दफ़्तर में।
इसका ठीकरा फिर फोड़ा आकर के उन ने घर में।
एक बच्चा घर में बैठा है जो राह तके है तुम्हारी, फिर
क्यों बेवजह पड़ते हो जब तुम से हैं परिवार की
ख़ुशियाँ सारी।
जीवन यापन को करना है, हाँ कमाना बहुत ज़रूरी है।
पर उससे भी पहले गृहस्थ जीवन है, पालक हो तुम ये
अवलोकन बहुत ज़रूरी है।
कल को जब जाओगे इस जीवन को जीकर
क्या कोई मलाल ले जाओगे घुटन का ज़हर पीकर,
जो हुआ जो कहा, जिसने कहा वो भूल जाना बहुत
ज़रूरी है
आपका किरदार, आप और भगवान से ना बेहतर कोई
जान सका
ये बात ख़ुद को सिखाना बहुत ज़रूरी है।
आज भले तुम हो, कल तुमसे बेहतर आयेंगे
हर युग का एक सुखद अंत होना ही है,
ये बात जब भी ख़ुद में दोहराएँगे
फिर देखो राह कितनी सुगम होगी
इसका एक बार सोच विचार बहुत ज़रूरी है।

सुहानी बारिश की शाम

सुहानी ये घटा फिर घिर आई है, बारिश का मौसम साथ ले आई है। टिपटिपा रही ये बारिश की बूंदें, आसमान से जब गिरने लगती हैं मन मयूर सा हिचकोले लेता, तान स्वरों की बिखरने लगती है, नित नए तराने बुनती ये बूंदें, पोखर और नदी नालों में मिलने लगती हैं, मंत्र मुग्ध हो जाते हैं, जब साथ मधुर बयार चलने लगती है ।। प्रकृति का रूप लगता तो आज भी वही है पर उम्र का फासला ज़रा ज़्यादा है। कुछ साल पलट कर चल पीछे ए बंदे, तू वही कागज़ की कश्ती बहाता है। खुश रहने की कोई उम्र है? बस जोश और जुनून बनाए रखना है। गिनती के कुछ नंबर्स से क्यों हार मानकर थकना है। ये बारिश आज भी है, ये कल फिर आएगी कश्ती इस बार मेरी दूर तलक तक जाएगी।

आरती की पोटली से ।।।।।

|| ९० के झरोखे से ||

वो दिन अब बिसर गए, जब दौर पत्र लेखन का हुआ करता था। एक कागज़ का टुकड़ा ही, कितने एहसासों को समेट खुद में रखता था। और वो मीठा मनुहरपन भी, रिश्तों की डोर खींच लाने की ताकत रखा करता था। याद है मुझको उस लिफ़ाफ़े की गहराई, जो राखी के रंग-बिरंगे धागे हो ठिठुरती ठंड साइकिल वाले डाकिया की राह, हर घर और मोहल्ला करता था। सूने पड़ गए वो लेटर बॉक्स अब ना रहा वो अद्भुत अहसास। खट्टी मीठी बातों को सहेज सके, अब कहाँ रहा वो पत्र वाला प्यार।

||@RTI की पोटली से ||

|| ९० के झरोखे से ||

वो दिन अब बिसर गए, जब दौर पत्र लेखन का हुआ करता था। एक काग़ज़ का टुकड़ा ही, कितने एहसासों को समेट खुद में रखता था। और वो मीठा मनुहरपन भी, रिश्तों की डोर खींच लाने की ताकत रखा करता था। याद है मुझको उस लिफ़ाफ़े की गहराई, जो राखी के रंग-बिरंगे धागे खुद में समेटे रहता था। क्या होगी उस ख़त की अहमियत, पत्नी की नज़रों में सीमा पर बैठा जवान अपने परिवार को लिखा करता था। शादी ब्याह के मौसम में तो, पत्र आदान-प्रदान का बड़ा महत्व रहता था। चाहे कड़कती धूप हो या हो ठिठुरती ठंड साइकिल वाले डाकिया की राह, हर घर और मोहल्ला करता था। सूने पड़ गए वो लेटर बॉक्स अब ना रहा वो अद्भुत अहसास। खट्टी-मीठी बातों को सहेज सके, अब कहाँ रहा वो पत्र वाला प्यार ।

||@RTI की पोटली से ||

है छाया ये घनघोर अंधेरा या है रेशमी ज़ुल्फो का साया। अब आज़ाद कर दो मुझे एक अरसे से मैंने इन्हें गले लगाया। उड़ जाना चाहती हूं हवाओं के संग, बेरंग सी यादों में आज भर लूँ मैं कितने ही रंग। नदियों सी मचल उठने को है बेचैन सा मन, पर सीखा है इन्हीं से आगे बढ़ने का मंत्र। रात के साए को चीरती वो रोशनी नज़र आती है दूर। ओढ़ लूँ उस चांदनी को खुद पर, चांद को भी छाया है जिस पर गुरूर। कुछ खूबसूरती उधार लेकर सितारों स खुद को फिर से संवारना है। धरती पर नहीं मुझे मेरा आशियाना दूर गगन की छांव में ही बनाना है।

।।। @रती की पोटली से ।

दरवाज़े की चौखट!!!

दरवाज़े की चौखट पर खड़ी हूं इस इंतजार में।
साया जो धुंधलाया सा
है बाहर कभी तो गुरर से साथ मेरे आएगा।
और,
अपनी बात शख्सियत से मुझे रुबरु करवाएगा।
खुद को तराशने की मैंने एक ज़िद ठान रखी है।
कभी तो इसकी अनकही दास्तां सुनाएगा।
मैंने उसको कहा,
तुम जब भी इस दरवाज़े से अन्दर आना,
नकाब अपना परे रखकर ही आना।
आज दिल में दीवार का लंबा साया है
पर कभी तो उम्मीदों का एक सुराख बनाना।
नाकामियों को रखने की जगह नहीं,
अन्दर कुछ साथ रोशनी के दिए लेते आना।
ये चौखट अनजान नहीं तुम्हारे लिए,
पर अपनी पहचान खोकर कभी मत आना।
मुद्दते गुज़री ये सांकल को खटकाए,
उम्र का दरिया सूखने से पहले तुम
मेरे किरदार को वापिस साथ ले आना।

।। @रती की पोटली से ।।

हल्की सी बारिश और भीगा सा मौसम। लेकर हाथ तेरे हाथ में आ भीग लें थोड़ा सा हम। गुदगुदा रही ये दिलकश रंगीनियां चाय के प्याले के साथ होंगी कुछ नज़दीकियाँ। ये लम्हा ना थकने पाए कभी मोहब्बत को जाने दो मीलो दूर। खुद को खोने लगी हूं सपनों में, आज ना है मेरा खुद पर ज़ोर। कुछ प्यार भरे नग़मों का सिलसिला चल पड़ने दो, लबों को मौन रखकर बस आंखो को आंखो से बात करने दो। तुझको तुझसे चुरा ले जाने की ख्वाहिश रखते हैं एक तेरे दीदार को हम रोज़ संवारते रहते हैं।

।। @रती की पोटली से ।।।

दोस्ती भी यारों अजीब सा नशा है। ये एक लफ्ज़ ही, सारे रिश्तों से सजा है। उम्र के साथ हर रिश्ता बदल जाता है दोस्त साल दर साल और गहरे होते जाते हैं। कोई हो मिलो दूर और भले ना मिल पाता है। मुश्किल में ए यार बस तेरा चेहरा नज़र आता है। वो स्कूली यादें या बचपन की बातें, लड़कपन के किस्से, अनेकों राज़ सीने में दफ़नाते हम रूठ भी जाएँ तो कोई ना करता नज़रअंदाज़, तभी तो कहलाते ये सबसे ज़्यादा खास। दिल का हाल खुली तिजोरी की तरह रख जाते हैं। बदले में आपके ये सारे गम ले जाते हैं। कभी बड़े मासूम और कभी तो बड़े खड़ूस भी लगते हैं। पर, किस्मत वालों को ऐसे दोस्त नसीब होते हैं। भीड़ भरे बाज़ार में जब खुद को तनहा पाओगे, याद मुझे कर लेना, पास सदा अपने पाओगे। जीवन की बगिया खुशियों से महकाओगे इत्र-ए-दोस्ती जब भी लगाकर जाओगे।

।। @रती की पोटली से ।।।

कुछ मुलाक़ातों का दौर अब खुद से भी कर लेते हैं।
चलो खुद को थोड़ा आइने में निहार लेते हैं।। फीकी
हुई मुस्कान को चलो फिर से ढूंढ लेते हैं। कोई रखे ना
ख्याल तो क्या, चलो आज खुद का ख्याल रख लेते हैं।
कोई करे ना करे इकरार चलो, एक बार फिर हम खुद
से प्यार कर लेते हैं। बेवजह करते हो
तलाश-ए-उम्मीद अजनबी आँखों में, अपने ही ख्वाबों
को जीकर ज़िंदगी गुलज़ार कर लेते हैं। बदल लेते हैं
राहें अपनी, दो कदम साथ चलकर लोग जो निस्वार्थ
साथ चले चलो ऐसे साथी को स्वीकार कर लेते हैं।
कोई समझे ना रहे डगर हमारी तो क्या ग़म, पाने को
मंजिल, रास्ता बनाने निकल पड़ते हैं। आज करके
खुद से पहचान, थोड़ा खुद के लिए संवर लेते हैं ।
॥॥॥@RTI की पोटली से ॥॥॥॥

ए उम्मीद, तू मुझको जगाकर फिर सो जाया ना कर
ए उम्मीद, तू मेरे दिल में आस जगाकर लौट जाया ना
कर। तेरे बूते पर सपनों को पाला है मैंने, तू मेरे सपनों
को यूं ही जलाया ना कर। तेरे दिखाए रास्तों पर कब
से चले जा रही हूं मैं। तू मेरे रास्तों को बीच में काट
जाया ना कर। जानना है मुझे तेरे होने का वजूद, तू
कभी तो मेरे ख़्वाबों से निकल मिलने आया कर। सुना
है उम्मीदों पर ये जहां कायम है, उन्हीं उम्मीदों को
हकीक़त से रूबरू कर जाया कर।
।। @रती की पोटली से ।।

कुछ मुलाक़ातों का दौर अब खुद से भी कर लेते हैं। चलो खुद को थोड़ा आइने में निहार लेते हैं।। फीकी हुई मुस्कान को चलो फिर से ढूंढ लेते हैं। कोई रखे ना ख्याल तो क्या, चलो आज खुद का ख्याल रख लेते हैं। कोई करे ना करे इकरार चलो, एक बार फिर हम खुद से प्यार कर लेते हैं। बेवजह करते हो तलाश-ए-उम्मीद अजनबी आँखों में, अपने ही ख्वाबों को जीकर ज़िंदगी गुलज़ार कर लेते हैं, बदल लेते हैं राहें अपनी, दो कदम साथ चलकर लोग जो निस्वार्थ साथ चले चलो ऐसे साथी को स्वीकार कर लेते हैं । कोई समझे ना रहे डगर हमारी तो क्या ग़म, पाने को मंजिल, रास्ता बनाने निकल पड़ते हैं। आज करके खुद से पहचान, थोड़ा खुद के लिए संवर लेते हैं ।
॥ ॥ ॥@RTI की पोटली से ॥ ॥ ॥ ॥

ए उम्मीद तू मुझको जगाकर फिर सो जाया ना कर ए उम्मीद तू मेरे दिल में आस जगाकर लौट जाया ना कर। तेरे बूते पर सपनो को पाला है मैने, तू मेरे सपनो को यूं ही जलाया ना कर । तेरे दिखाए रास्तों पर कब से चले जा रही हूं में । तू मेरे रास्तों को बीच में काट जाया ना कर । जानना है मुझे तेरे होने का वजूद, तू कभी तो मेरे खबावो से निकाल मिलने आया कर । सुना है उम्मीदों पर ये जहां कायम है, उन्हीं उम्मीदों को हकीक़त से रू बरू कर जाया कर ।

।। @रती की पोटली से ।।

सालों पुरानी एक अमानत वो "पोटली"। आज अरसे
के बाद मैंने फिर जेब टटोली। कितनी स्मृतियां
दृष्टिपटल पर छा गईं। नन्हा झबला पहन मेरी
गुड़िया, याद तुम्हारी आ गई। सिमटे हुए कपड़े
खामोशी से घूर रहे हैं। क्यों समेट रखा है अब भी
मुझसे मानो पूछ रहे हैं। टूटे-फूटे वो ढेर सारे खिलौने,
जोड़ रही हूं बिछाकर यादों के बिछौने। गुज़रे ज़माने
की हर चीज़ करीने से रखी है। ज़िंदगी की स्वर्णिम
धरोहर सहेज कर रखी है। पल भर को ही सही उन
लम्हों में लौट जाती हूं मैं। जीने को वही वक़्त, ये
पोटली खोल बैठ जाती हूं मैं।

।।@ रती की पोटली से ।।

अवसाद (डिप्रेशन)

अवसाद, सिर्फ एक शब्द नहीं, एक ढोया ना जाने
वाला बोझ है। इसके क़दमों तले दुबकी, वो ज़िंदगियाँ
कितनी कमज़ोर हैं।

कहना बहुत आसान है, ख्यालों को दिमाग से निकाल
दो।
ले भरकर जो बैठे हो गुबार, वो बोलकर बिसार दो।
पर शायद किस्से ये कल परसों के नहीं,
मन में दफ़न सालो पुरानी फांस हैं।
इसी सोच के भंवर में अटकी,
जाने कितनी ही ज़िंदगी परेशान हैं।
परिवर्तन के लिए चाहिए अपनो का साथ।
समझ सके एक दूजे को, वो अपनेपन का अहसास।
और, एक प्यार भरी समझाइश,
कि ज़िंदगी खुशनुमा रखिए,
गम के दौर तो अक्सर आते जाते रहेंगे।
शिकवे के पर्दे ज़रा उठाकर तो देखिए,
तेरे साथ को खड़े हाथ हज़ार उठेंगे।।।
ना ओढ़ गम की चादर, बह जाने दे मन के भरम जाल
, तुझको भी समझने वाले तेरे अपने, हर कदम साथ
होंगे।

॥॥॥@ रती की पोटली से॥॥॥

जाड़े की सर्द रातों

जाड़े की सर्द रातों की ठिठुरन आला की तपिश से भी न गरमाया तन। और, यादों की वो लोई, ओढ़ जिसे बैठी अंगीठी के पास जाने किस जहां में खोई। बरसो का साथ जहन में आता है । गुजरा तो है पर वक्त बेवक्त याद आता है । उम्र तो पहुंच चुकी एक पड़ाव पर , पर मन की आस ठहरी है उसी द्वार पर । सिलवटें चेहरे का हाल बयां करती हैं। आंखे भी खोई हर मंजर याद करती हैं। वो गुजरे जमाने जब दिलो में लड़कपन था । सुनहरी धूप सा फुदकता वो बालपन था । यादों के गुलिस्तान से निकाल एक चिड़िया बोली, आ चल लौट चलें उसी जहां में, समय के इस भरम से दूर । मन को ना सिखाओ उम्र के ज्ञान गाडित । उड़ने दो इसे स्वच्छंद गगन में, जिंदादिली से हो भरपूर ।

‖ ‖ ‖ ‖@rti की पोटली से ‖ ‖ ‖ ‖

चलो धरती फिर एक बार बेहतर जगह बनाते हैं। आज खुद को किसी की मुस्कुराहट का ज़रिया बनाते हैं। ना बनना है मुझे नेता, ना बनना है कोई लीडर। चलो हम आम होकर ही किसी को खास बनाते हैं। छोटा ही सही, एक कदम किसी की ज़रूरत को बढ़ाते हैं। किसी बुज़ुर्ग का हाथ पकड़, सड़क पार कराते हैं। नहीं दे सकती हूँ लाखों का डोनेशन भले ये सच है। पर किसी भूखे को, आज चलकर पेट भरके खिलाते हैं। नामुमकिन भले है, किसी की स्कूल फीस को भरना। पर किसी बच्चे को चलकर आज हम मुफ्त में पढ़ाते हैं। अगर हर एक नेकी से, करे एक छोटा सा ही काम। चलो सब मिलकर इस दुनिया को स्वर्ग सा सुंदर बनाते हैं। ।।। @rti की पोटली से ।।।

गुज़रा हुआ ज़माना कभी नहीं दोबारा आता, पर उन यादों से दिल में सुकून सा भर जाता। कड़ी धूप में भी जब बरफगोला गला खराब न करता था। दस पैसे का चूर्ण दोस्ती में मिठास घोला करता था। चंद फलों को लूटने के लिए टांगे तुड़वा लिया करते थे। और गेंद के लिए कंटीली झाड़ियों में भी घुस जाया करते थे। बिना ac ट्रेन का सफर पूड़ी अचार से कर लिया करते थे, मिनरल पानी नहीं खिड़की पर छागल लटका लिया करते थे। छत पर चोरी से सूखे अमचूर चुराकर जेब भर लिया करते थे। और पकड़े जाने पर किसी दूसरे को फंसाया करते थे। बिना घंटी बजाय हक से किचन तक सैर कर आया करते थे, घर की सब्ज़ी छोर, एक कटोरी पड़ोस से ले आया करते थे। indoor और outdoor खेल जैसा तब कोई शब्द न था। सितोलिया, अष्टा चंगा और गिल्ली-डंडा का तब दबदबा था कपड़ों को सिलवाने कोने के दर्जी के यहां जाना होता था। और एक ही जैसे कपड़े पहन भाई-बहन होने का अभिमान होता था। स्वेटर की गर्माहट ना आती थी बाज़ारों से, सीधे और उल्टे फंदे ऊन के बुनते मोहल्ले की चौपालों पे। मोहल्ले की शादी तब अपने घर की समझी जाती थी। और २–५ दिन की छुट्टी बेशक कर ली जाती थी। क्या महिला संगीत, तब तो बन्ना-बन्नी गाए जाते थे। बच्चे बूढ़े ज़ोर-शोर से हर काम में हाथ बंटाते थे। अब वो दौर ना आयेगा , आज ज़माना कुछ और है। टेक्नोलॉजी की दुनिया में, छूट चुका वो एक अमूल्य दौर है।

त्योहारों की रौनक एकदम से छटने लगी । मेहमानों की आवक भी अब कमतर होने लगी। उम्र के पायदान से देखो तो, एक दिवाली और कम हो गई। मिलने-मिलाने की फुरसत अब किसे, रोज़मर्रा के कामों में फिर शामे ढलने लगी। खुशियां मोहताज हो गई अब त्योहारों की। हर दिन हर पल ज़िंदगी की व्यस्तता बढ़ने लगी। बड़े शहरों ने मुकाम तो दिया काफ़ी, पर चेहरों की मुस्कान तो रुख, छोटे शहरों का करने लगी। आपसी मिलना-मिलाना करते रहना सदा, क्योंकि, शोहरत का साथ पाकर भी सेहत की कमी खलने लगी । ||||@rti की पोटली से ||||

रोज़ ज़िंदगी की दौड़ में जब थक जाती हूं, तब सुकून
देता है मुझे मेरा घर। हर बिखरे कोने में बसी अनेकों
स्मृतियां। गुज़रती है यहां जीवन की शामों सहर। ये
कोई होटल का कमरा नहीं, जो करीने से रखी हर चीज़
है। यहां तो बिखरे मेरे बच्चे के, हर एक खिलोने से
बंधी एक प्रीत है। ज़िंदगी के इशारों पर चाहे भागे
शहर-शहर और दर, पर मेरी शख्सियत की पहचान
कराता मुझे मेरा घर। एक उम्र गुज़ारी है जिन
गलियारों में, महकते हैं रास्ते अब भी हंसी की उन
गूंजो से। यहां किए कई वादे, और कुछ झगड़े भी
बहुतों से। मेरी खट्टी-मीठी यादों, और उन यादों को
संवारता मेरे सपनो का ताजमहल है मेरा घर ।
।।।@rti की पोटली से ।। ।

पीरियड्स

वो उन दिनों कुछ गुमसुम सी रहती है। कठिन दर्द को सहने का हौसला ख़ुद को देती है। सुबह को उसी शिद्दत से उठती भी है, और बच्चों की फरमहिश पूरा करती भी है। घर के किसी कोने में जब सहमी सी बैठ जाती है। अक्सर घर से आवाज़ तब आती है, क्यों आज ज़रा ज़्यादा ही आराम कर रही हो? और दिनों जैसा घर का ध्यान करीने से नहीं रख रही हो। और फिर उठ खड़ी होती है वो एक हौसला लिए साथ। हां, कभी मिल जाता है कुछ दवाइयों के साथ, उठकर रसोई जो बनानी है, और बच्चों को भी पढ़ाना है। इस बीच कहाँ उसे फुरसत, ख्याल अपना रखने की। दो पल थमकर बिस्तर पर कमर सीधी करने की। हो सके तो उन दिनों थोड़ा-थोड़ा उसे समझना, क्या हुआ खाना न बना, सिर पर हाथ ज़रा रख देना। अच्छा लगता है जब हमदर्द साथ दर्द में देते हैं। यही साथ मुश्किल दिनों को प्यार से सुगम बना देते हैं। ।।। आरती की पोटली से ।।।।

इंसानियत का ख़ज़ाना कपड़ों में नहीं, इंसानों में तलाश कर देखो। जीते-जागते इंसान मिल ही जायेंगे। गम हर एक का सगा है, किसी पराए का अपना बनाकर देखो। कुछ ऐसे नेकदिल साथ निभाने मिल ही जायेंगे। बात-बात पर क्या आंसुओ को बहाना? कभी-कभार बार मुस्कुरा कर देखो, साथ हंसने वाले मिल ही जाएंगे। अपनों की ज़िंदगी हर कोई संवार लेता है, अजनबियों के लिए कभी कुछ करके देखो, खूबसूरत रिश्ते बन ही जाएंगे। |||@rt की पोटली से |||

चलो, गुज़र जाने दो इस साल को एक ख्याल की
तरह। मायूसियाँ जो बंद हैं, संदूको में दिल की।
खोलकर कड़वाहट के ताले प्यार की चाबी से उड़ जाने
दो हर गिराह। हमने कुछ कठिन सबक भी सीखे हैं,
इस जाते साल में कड़वी तो है, पर सीख सटीक, रखना
है सदा खयाल में अब छूट चुका है, जो था कड़वा वो
पीछे मनमोहक सी आज खड़ी है, और हौले से मुझको
खींचे। इस बार चलो आने वाले मंज़र में अब कुछ खुद
से वादे करते हैं। दिल की बंजर धरा पर फिर से बीज
खुशी के बोते हैं। ये नन्हे से पौधे जब प्रौढ़ पेड़ बनेंगे।
क्या होगी गिनती जब साथ हमारे लाखों चेहरे हंसेंगे।
जीवन अनसुलझी पहेली, जाने कल को क्या हो जाए
अपने हर आने वाले पल को गुज़रे कल से बेहतर
करिए। जो बीत चुका वो अस्त हुआ, ना दिल में कोई
मलाल रखिए। इंसान क्या कायनात झुका सके दिल
में वैसा जज़्बा रखिए। वो दिन दूर नहीं, 365 पन्ने की
खाली किताब फिर खुशियों से, स्याही से भरिए।

लड़कियां नसीब से तो लड़के दुआओं से आते हैं। अजी वो लड़के हैं जनाब, ज़िम्मेदारी जन्म से ही साथ लेकर आते हैं। आधी उम्र जिसे समझने में गुज़रती है, तो आधी उसे निभाने की कश्मकश में गुज़र जाती है। बचपन बीत चुका किताबों में और, जवानी कमाने की जद्दोजहद में निकल जाती है। आंसू का सैलाब आंखो में सुखाना आता है। कौन कहता है, लड़कों की किस्मत खटखटाने, कभी गम नहीं आता है। कैसा ये नियम जिसमे रोकर, हल्का भी न कर सके हैं। हाल-ए-दिल कुछ ऐसा, समाज के दायरे में बंधे हैं, तो कभी घर के ही हिस्से में बंटे है। उन घरों की कहानी कभी जाकर के देखो, जहां बचपन के शौक कब धराशाई होकर, नन्हें कंधे रोटी का बोझ लिए फिरते हैं।

॥ ॥ ॥ @RTI की पोटली से ॥ ॥ ॥ ॥ ॥

याद आते है, रेल के दिनों के सुहाने सफर। जब घूमने साथ निकलते थे नानी-दादी के घर। तब क्या एसी डब्बा क्या स्लीपर क्लास। एक ही सीट पर बैठ जाते थे लोग सात-आठ। रेल में हम पूरे बंदोबस्त से जाया करते थे। पानी, अचार और पूड़ी टोली में बैठ कर खाते थे। एक पेटी में कई यादें भर-भर कर ले जाते थे। महीनों रुकने का बंदोबस्त चंद कपड़ों में कर जाते थे। एयरोप्लेन तो तब सिर्फ छतों पर ही देखा करते थे। सिर्फ किस्मत वाले लोग ही दौड़कर छत पर पहुंच जाते थे। फिर जो जमघट शुरू होता था रिश्तेदारों का: दिन कटते थे खेलकूद में साथ-साथ, छतों पर होती थी मस्ती सारी-सारी रात। साल भर इंतज़ार रहता था हमको इन दिनों का। डर भी रहता था स्कूलों के फिर खुलने का। घर आया रिश्तेदार पूरे मोहल्ले का मेहमान होता था। भिन्न-भिन्न घरों में रोज़ निमंत्रण उसका होता था। ये एक ऐसा दौर था जिसमें, हर छोटी चीज़ का महत्व बड़ा सा होता था। पराया कोई शब्द पता न था, हर घर अपना सा होता था।

||||@rti की पोटली से ||||

आज बरसों बाद पुराने दोस्तों का फिर ख्याल आया। साथ गुज़ारा बचपन फिर से आंखों झूलता नज़र आया। ज़िंदगी की आपाधापी में, साथ जिनका छूट गया था। अकारण वो स्मृति पटल पर मानो छाया। ज़िंदगी ने इतना व्यस्त किया व्यस्तताओं में। आज खुद पर ही हमको मलाल आया। काफी बदले-बदले चेहरे हो गए उम्र के साथ जिनके, पर जब महफिल में बैठे, तो वही बचपन फिर याद आया। बालों की सफेदी और आंखो पर मोटे चश्मे उम्र ३५ पार और घर गृहस्थी के झमेले, पर, जब शुरू हुआ सवालों और जवाबों का किस्सा तब न उनमें से कोई कमतर नज़र आया। हमारी खुशियों की चाबी लिए जो फिरते हैं, हर ज़ख्म की मलहम जो पास अपने रखते हैं। कभी जो समझदारों से परे जाकर देखा, मेरे दोस्तों में मुझे मेरी खुशियों का ख़ज़ाना नज़र आया।

॥ ॥ ॥ @RTI की पोटली से ॥ ॥ ॥

चित्र एक भाव अनेक, ऐ औरत जब-जब तेरा चित्र ज़ेहन में आता है। जाने कितने ही भावो को ओढ़े एक किरदार नज़र आता है। किसी के लिए तू एक 'स्त्री' गुमसुम परिभाषा है। किसी को तुझमें जगत जननी का अक्स नज़र आता है। मातृत्व से परिपूर्ण हो तूने, तन का अंकुर खून से सींचा है। त्याग दिया हर सपना, ज़िंदगी के हर मोड़ पर तेरा, बलिदान ही नज़र आता है। जीवन संगिनी बन तूने हर राह पर साथ निभाया है। अपने पर आ जाए गर, तुझमें यमराज से लड़ जाने का जज़्बा नज़र आता है बहन, बेटी, सखी कितने स्वरूपों को समेटने वाली, धधके तो ज्वाला, पर समर्पण तेरा शांत नीर नज़र आता है। उंगली तो तुझ पर कल भी उठी थी, स्वाभिमान की अग्नि तब भी फटी थी। जो निगाह उठाकर देख ले तुझको, उसे तुझमें रूप प्रचंड चंडी का नज़र आता है। फरिश्ते सुना था धरती पर कभी आते नहीं, पर जब चेहरा नारी का लाखों भावनाओं से भरा देखा, आज मुझे रब के होने पर यकीन सौ गुना आता है।

।।।@rti की पोटली से।।।

यूंही मुस्कुराने की आदत है हमें,
सबको अपना बना लेने की आदत है हमें।
क्या हुआ जो कुछ ख़फ़ा हैं आज कुछ लोग,
रूठे यारों को भी, एक मुस्कुराहट से मना लेने की
आदत है हमें।
ज़िंदगी के 4 दिन रोकर क्यूं बिताते हो,
बंजर हो चुकी आँखों से अक्स क्यूँ बहाते हो
हमें तो मुरझाई आँखों से भी इश्क़ लड़ाने की आदत
है।
इतनी सी तो है उमर, कौन-कौन से ग़म पालूँ
अजी ग़मों के दौर में भी हंसने खेलने की आदत है
हमें।
कल को हम ना हो हमारे क़िस्से तो हो यहाँ पर जीवन
को अपनी ही शर्तों पर जीने की आदत है हमें।

| | | | @rti की पोटली से | | | |

यादें स्कूल की

यादों के पिटारे से कभी तो, वो स्कूल वाला बचपन
लौट आता।
हर रात स्कूल न जाने का नित नया बहाना सोच,
सुबह डांट खाते, बेमन से तैयार होकर जाना लौट
आता।
घर-घर जाकर दोस्तो को पुकारना,
और टोली में स्कूल रवाना होना लौट आता।
छुट्टी होते ही बारफगोला, टॉफी और बेर का,
वो हरदिन का बंटवारा लौट आता ।
वो, बेफिक्री का बचपन, सरपट दौड़ा करता सड़कों पर,
जब अंजान राहगीरों से ना था ख़ौफ़,
वो ज़माना लौट आता।
दोस्तों के जन्मदिन पर पेंसिल और पेन देकर,
फ्रूटी और बिस्कुट वाली पार्टी पर खूब इतराना लौट
आता।
अव्वल आने पर तब न कोई मेडल, ना तमगा बस एक
छोटी सी ट्रे पाने का अभिमान लौट आता।
तब पैरेंट्स स्कूल न जाते थे,
टीचर घर आते थे मीटिंग
चाय पर घंटो, हमारे गुण-अवगुण का बखान लौट
आता।
यादों के पिटारे से कभी तो, वो स्कूल वाला बचपन
लौट आता।

|||@rti की पोटली से।।।

जो मुस्कुरा रहा है,
उसने बेशक दर्द को पाला होगा।
चल जो रहा है,
पांव में यकीनन छाला भी होगा।
संघर्ष बिना चमक नहीं मिलती,
दिया जो खुद जला, उजाला भी उसी से होगा। उदासी
के लिए देखो तो उम्र भरी है।
नज़र उठाकर तो देखो, खूबसूरत ज़िंदगी खड़ी है।
मुश्किल रूपी घनघोर रात का परवान चढ़ेगा
सूरज भाग्य का तभी चमकेगा।
अपनी हंसी को कभी लबों से जाने ना देना।
तेरी मुस्कुराहट के पीछे पूरी दुनिया खड़ी है।

||||rti की पोटली से ||||

बचपन के किस्से कुछ कच्चे कुछ पक्के,
याद जिन्हें करके आंखे आज भी छलके।
अपने ही मन में हज़ारों कहानियां गढ़ना,
टूटते तारों को देख इच्छाओं को व्यक्त करना।
चांद पर बुढ़िया की कल्पना करना,
और उड़ते बादल से भगवान को संदेश भेजना।
कहाँ पता रहता था ये बस नाहक ही बातें हैं।
तब तो बस इनकी पूरी होने की आस लगाय रहना।
गुड्डे गुड़िया के शादी ब्याह रचना,
किराए की साइकिलों पर खूब सवारी करना।
लट्टू, पोशांपा और गिल्ली-डंडे खेलना,
सारा दिन रह बाहर फिर भी ना अजनबियों से डरना।
पापा की साइकल पर कुल्फ़ी और इमरती खाने
चलना,
और फिर सब साथ मिलकर घर में कैरम का खेलना।
रविवार का दिन तब आराम का ना होता था।
नाते-रिश्तेदारों का मिलना पूरा दिन भर चलता था
तब मंडे ब्लूज़ जैसा ज़ेहन में कोई शब्द ना था।
और प्राइवसी जैसे भारीभरकम शब्दों तले जीवन
जकड़ा ना था॥

॥॥॥॥@RTI की पोटली से ॥॥॥॥

राम सा व्यक्तित्व पाना है,
तो कृष्ण बनना भी ज़रूरी है ।
अन्याय सहने के खिलाफ शस्त्र उठाना भी ज़रूरी है।
हर बाज़ी उसूलों पर नहीं जीती जाती,
कभी-कभी जीत के लिए छल करना भी ज़रूरी है।
अपनों के साथ रह कर पाया तो क्या बड़ी बात है,
अपनों के लिए खुद को खोना भी ज़रूरी है।
प्रेम के लिए लड़ जाने वाले लोग अमर होते हैं,
पर प्रेम में बंधकर भी एक ना हो पाना ये सीख ज़रूरी
है।
सखा, गुरु, प्रेमी, नटखट, चोर, पर सदा कोमल
मुस्कान।
हर एक को आज भी कृष्ण सा जीवन जीना ज़रूरी है।

॥ ॥ ॥@RTI की पोटली से ॥ ॥ ॥

अकेला पन,
ओ अकेला पन, तू वरदान है, न कोई अभिशाप।
जब सब छोड़ जाते हैं साथ, तू बन जाता है मेरा आप।
तेरी गोदी में सिर रखकर, सोचूँ मैं गहराई से।
तू देता है मुझे वो शांति, जो न मिले कहीं भीड़ में।
तू दर्पण है मेरे मन का, दिखाता है तू मुझे मुझको।
अकेले में जो खोजूँ मैं, मिल जाती हूँ मैं अपनी रूह
को।
अकेला पन, ओ अकेला पन, तू संगी है मेरे विचारों
का।
तू रंग भरता है मेरे सपनों में, तू बसा है मेरे अंतर्मन में
उम्मीद है।

मृत्यु

मृत्यु क्या है,
एक अनसुलझी पहेली,
जीवन की राह की एक अंतिम दहली।
एक ऐसा सफर जो सबको है तय करना,
जीवन की चादर से बाहर है, मरना।
मृत्यु वह द्वार है जो खोले अनंत को,
जीवन की सीमा से परे, एक नये संतोष को।
यह नहीं अंत, बल्कि एक नई शुरुआत,
आत्मा की यात्रा का एक और प्रभात।
मृत्यु एक विराम है, नई कहानी के लिए,
जहाँ आत्मा मुक्त हो, बंधनों से परे
इसे डर नहीं, बल्कि सम्मान से देखें,
चिंता में भविष्य की हम क्यों हर रोज़ मरें।
मृत्यु से नहीं कोई बच सकता,
यह जीवन का एक अटल सत्य है।
इसे स्वीकार करें, और जीवन को अर्थ दें,
क्योंकि मृत्यु भी जीवन का ही एक समानार्थ है।

वो शीतल है, ठहराव भी है और तेज़ नदी का बहाव भी
है
वो सकारात्मकता का सार भी है
और नकारात्मक एक भाव भी है
जैसा बोओ तुम बीज इसका वो उपजा पेड़ घना
जड़दार भी है।
क्या हो, गर नींव ही इसकी अरदास की हो
हाँ, थोड़ा तो मुश्किल है पर नामुमकिन की मिट्टी ना
हो।
हर दिन थोड़ा सा पानी नेकी का साथ ईश्वर का
आभार भी हो।
इसमें कोमल मुस्कान के फूल और तृप्ति का आभास
भी हो।
नैतिकता से लदा हुआ घना कितना ये वृक्ष बना
जिसकी शाख़ों से सुख और शांति छलके ऐसा परिवेश
बना।
मन के हारे हार भी है और मन के जीते जीत का
विगुल बजाना है तो गाँठ बांध लो, सीख मन को वश
में तुम कर लेना इस से पहले ये तुमको ठग ले।
निःशब्द बना कर दास बना इससे पहले ये तुमको
क़ाबू में कर ले।

तन्हाई

कभी-कभी अकेले भी रहा करो,
तन्हाई अक्सर ख़ुद से रूबरू कराती है
दुनिया के झमेलों को छोड़,
मैं से पहचान कराती है।
कभी-कभी अकेले भी रहा करो
अपने आप के साथ कुछ ताना-बाना बुना करो
ये तन्हाई तन्हा नहीं तुम्हें अपनी पहचान से मुख़्तार
कराती है
ख़ुद में झांक कर कभी देखना
अनंत सपने होंगे जो कही सुपुर्द ख़ाक हुए पड़े हैं
कई वादे जो ख़ुद से किए वो दफ़ना दिये हैं
एक बार फिर से उन सपनों का आत्म मंथन कराती है
कभी-कभी अकेले भी रहा करो
क्योंकि शोर से परे ज़िंदगी तुम्हारे अंदर के तुम से
मिलाती है

घर आँगन की ख़ुशी, पिता के चेहरे पर छलकता गर्व, माँ के आँचल में सिमटा वो ममता का स्पर्श, ये ईश्वरतुल्य रिश्ते कहाँ से लाओगे? ये जीवनसाथी का प्यार, है एकदूजे का साथ ये खून से गहरे आत्मा के संबंध कहाँ से लेकर आओगे? भाई का लाड़, बहनों की मीठी मनुहार दूर होकर भी जो ना भूले लड़ाई और तकरार खट्टी-मीठी यादों के गुलदस्तें फिर कहाँ से लाओगे? ज़िंदगी को जीने का अर्थ सिखलाती एक नन्ही कोमल सी मुस्कान छोटे-छोटे कदमों से थिरकती क़दमताल ये मासूम बालपन कहाँ से लाओगे? ये यारों की टोली वो हंसी और ठिठोली जो ना कभी होने दें बूढ़ा, जो चहुँओर बिखेरी दोस्ती के रंगों की होली फिर कहाँ से लाओगे? हर एक रिश्ते का एहसास है ख़ूबसूरत हर रिश्ते की अपनी है अहमियत नायाब मोती जो बिखरें हैं हर तरफ़ ये अनमोल ख़ज़ाना फिर कहाँ से लाओगे।

ग्रैटिट्यूड

आज सोचा चलो ईश्वर को यूँ ही धन्यवाद करती हूँ।
इस ख़ूबसूरत ज़िंदगानी के लिए आभार व्यक्त करती
हूँ। हर एक चीज़ जो बिन माँगे मुझे मिली है इस प्यार
के लिए हृदय से वंदन करती हूँ। समय बेसमय हम
सिर्फ़ माँगते रहते हैं दर-दर जाकर सोचा, आज कुछ
बिन माँगे तोहफ़ों के लिये शुक्रगुज़ार करती हूँ। हैं वो
एक अलौकिक पिता जिन्हें होता है सदा बच्चों की हर
ज़रूरत का पता, मेरी हर ख्वाहिश के लिए मैं आत्मा
की गहराई से ख़ुद को नतमस्तक करती हूँ। अभी मुझे
सीखना ज़िंदगी के गुर बाक़ी हैं। धैर्य, संयम और ख़ुशी
का मिश्रण शामिल भी है। किस ख़ूबसूरत कलम से
लिखी उसने मेरी कहानी है। इस कहानी की जीवंत
ज़िंदादिल पात्र हूँ, मैं इस सफल किरदार के लिए
शुक्राना हज़ार बार करती हूँ।

ज़िंदगी का फ़लसफ़ा

ज़िंदगी का फ़लसफ़ा कभी समझ ना आता है। हर चेहरे की अपनी कहानी है, और हर कहानी का नया किरदार नज़र आता है। किसी की दुआओं को क़ुबूल सूफियाना मंज़ूरी है। और कोई बेबसी की जद्दोजहद में जीवन से ही रूसबा हो जाता है। क्यों नहीं तेरा मिज़ाज सबके लिये एक सरीक़ा, किसी के तो आसमानी ओहदे हैं और कोई ज़मीन पर भी रेन बसर ना खोज पाता है। बादल, पंछी, नदियाँ, पहाड़ सब स्वच्छंद और स्वतंत्र हैं क्यों इंसान मात्र ही बेड़ियों में नज़र आता है। ना कर इस हद तक भेदभाव, ए ज़िंदगी, हम सब कोरी माटी के ही पुतले हैं, भुला दे कड़वाहट और गले लगा सभी को, एक सार कर दे, क्या तुझे नहीं इन सब में एक वो रब नज़र आता है।

दशावतार नमन श्री हरि विष्णु को, जिन्हों धरा अवतार, दश रूपों में प्रकट हुए, रच दिया ये संसार। मत्स्य रूप में जलधि से, वेदों को बचाया, द्वितीय कच्छप बनकर, सागर मंथन कराया। वराह रूप में धर धरा, हिरण्याक्ष को हराया, नरसिंह बन प्रकट हुए, हिरण्यकशयप संहारा। वामन बनकर बली का, अभिमान चूर किया, परशुराम का क्रोध जगा, अधर्म को दूर किया। राम रूप में धर्म रचाया, रावण को मारा, कृष्ण बनकर गीता ज्ञान, अर्जुन में आत्मविश्वास जगाया। बुद्ध बने संसार में, शांति का संदेश दिया, कल्कि रूप में आएंगे कलयुग में ये पहले ही घोषित किया दश रूपों में लीला रची, हर युग में वो प्रकट हुए, श्री हरि विष्णु के चरणों में, समर्पित यह जीवन है।